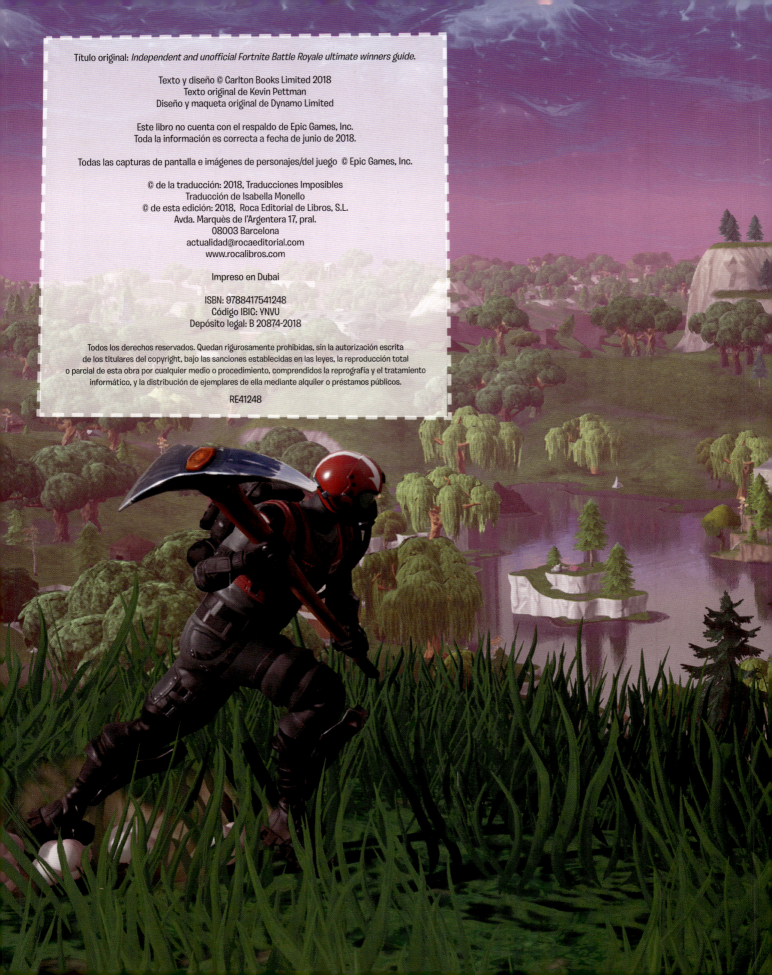

Título original: *Independent and unofficial Fortnite Battle Royale ultimate winners guide.*

Texto y diseño © Carlton Books Limited 2018
Texto original de Kevin Pettman
Diseño y maqueta original de Dynamo Limited

Este libro no cuenta con el respaldo de Epic Games, Inc.
Toda la información es correcta a fecha de junio de 2018.

Todas las capturas de pantalla e imágenes de personajes/del juego © Epic Games, Inc.

© de la traducción: 2018, Traducciones Imposibles
Traducción de Isabella Monello
© de esta edición: 2018, Roca Editorial de Libros, S.L.
Avda. Marquès de l'Argentera 17, pral.
08003 Barcelona
actualidad@rocaeditorial.com
www.rocalibros.com

Impreso en Dubai

ISBN: 9788417541248
Código IBIC: YNVU
Depósito legal: B 20874-2018

Todos los derechos reservados. Quedan rigurosamente prohibidas, sin la autorización escrita de los titulares del copyright, bajo las sanciones establecidas en las leyes, la reproducción total o parcial de esta obra por cualquier medio o procedimiento, comprendidos la reprografía y el tratamiento informático, y la distribución de ejemplares de ella mediante alquiler o préstamos públicos.

RE41248

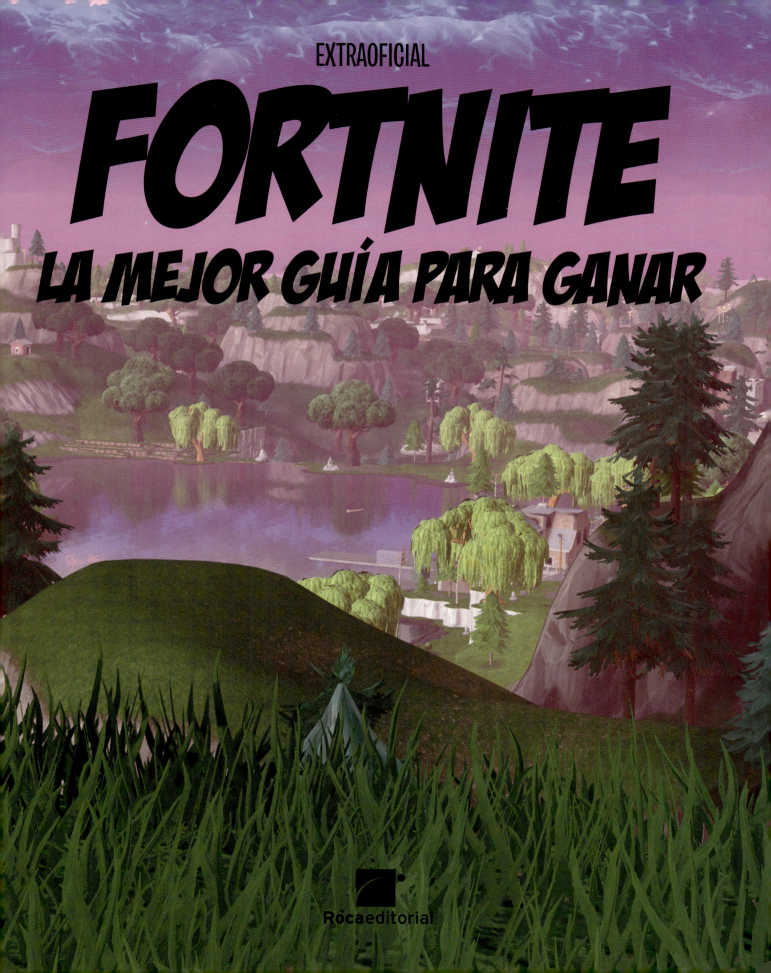

ÍNDICE

¡Bien hecho! ¡Ahora tienes en tu poder la guía más actualizada del mejor juego de todo el universo! Fortnite está lleno de acción, aventuras, técnicas, tácticas, supervivencia, construcción, combates a muerte y mucho, mucho más.

Da igual si eres un completo novato o si ya eres todo un maestro de Fortnite: esta excepcional guía te convertirá en un jugador alucinante. Viene cargada de secretos, consejos, guías, datos interesantes y mucha diversión. ¡Todos listos para luchar!

06 >>>> ¡Catorce cosas que tienes que saber sí o sí!
08 >>>> ¡Llegan los héroes!
10 >>>> Toma los mandos
12 >>>> El mapa
14 >>>> En la línea de fuego
16 >>>> Consejos básicos
18 >>>> Novatos: esto sí y esto no
20 >>>> Perdona, ¿qué?
22 >>>> La seguridad ante todo
24 >>>> Domina el Battle Royale
26 >>>> Aterriza como un profesional
28 >>>> Siete secretos para sobrevivir a la tormenta
30 >>>> Sé un constructor de primera
32 >>>> Conviértete en un experto en armas
33 >>>> Corto alcance
34 >>>> Medio alcance
35 >>>> Largo alcance
36 >>>> En busca del botín
38 >>>> Consejos avanzados
40 >>>> El combate en corto
42 >>>> Trucos con trampas
44 >>>> Secretos y extras
46 >>>> Formad equipos
48 >>>> Extras del juego

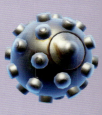

Encuentra la mítica llama dorada

Los jugadores de Fortnite **sueñan** con estar en el lugar indicado, en el momento indicado, para encontrar una **llama botín**. Y pocos han visto una dorada, pero... ¿podrás encontrar la que está **oculta** en las páginas de esta guía?

Por cierto... ¡la que aparece a simple vista en la página 61 **no cuenta!**

- 50 >>>> Ataque al planeta
- 52 >>>> Conoce al enemigo
- 54 >>>> Estrategia y trucos
- 56 >>>> Fabricar y construir
- 58 >>>> ¡Presenten armas!
- 60 >>>> Salvar el mundo
- 62 >>>> Mis registros, datos y cosas favoritas de Fortnite
- 64 >>>> ¡Gestos épicos!

JUGAR EN LÍNEA DE FORMA SEGURA

Fortnite es un juego en línea en el que los jugadores luchan contra otras personas de distintas edades y de todo el mundo. Los jugadores pueden relacionarse y comunicarse con el chat que el videojuego tiene incorporado. El chat de voz se puede apagar cuando se quiera. Los padres deben explicarles a sus hijos cómo jugar en línea de forma segura y pedirles que les cuenten cualquier situación que haya podido molestarles o incomodarles. Se podrá informar del comportamiento de los jugadores a los desarrolladores de Fortnite.
Encontrarás más consejos sobre cómo jugar en línea de forma segura en las páginas 22 y 23.

¡Catorce cosas que tienes que saber sí o sí!

FORTNITE

Entérate de todos los entresijos del videojuego de moda gracias a estos datos fundamentales...

1 Fortnite cuenta con dos modos de juego: **Salvar el mundo** y **Battle Royale**. Este segundo fue el primero de los dos al que los jugadores pudieron acceder de forma gratuita.

2 El Battle Royale es una competición en la que participan **100 jugadores**. El último héroe que quede en pie se lleva el título de **Victoria magistral**.

3 Puedes jugar a Fortnite con la **Xbox**, la **PlayStation**, la **Nintendo Switch**, en **PC** o en **MAC** y en algunos móviles y tabletas.

4 Los personajes pueden interpretar unos **gestos de baile** muy chulos... ¡entre ellos, el **Hilo Dental**!

5 En el modo **Salvar el mundo**, los jugadores forman equipos de hasta cuatro miembros. Completa las misiones y enfréntate a espeluznantes monstruos zombis... ¡los **cáscaras**!

6 En España, Fortnite está clasificado para **mayores de 12 años**.

Puedes encontrar armas en los cofres, en las entregas de suministros y en el suelo. Un **arma con un brillo dorado** (legendaria) es muy poco común: ¡hazte con una de ellas y podrás conseguir una Victoria magistral!

 El videojuego no solo va de recoger botín y disparar a tus enemigos. En Fortnite, **construir** estructuras puede ser de gran ayuda para liquidar a los oponentes, para protegerse y sobrevivir más tiempo durante la partida.

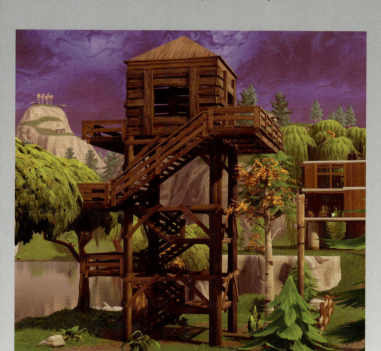

 Los jugadores deben permanecer dentro del **ojo de la tormenta**, cuyo tamaño se reduce a medida que avanza la partida. ¡Como te quedes fuera, sufrirás graves daños!

 Al **recoger botín** puedes conseguir armas y objetos muy molones. Busca los escondites de los objetos por las casas y las estructuras. ¡Estos objetos podrían darle un giro de 180º a la partida!

 La moneda que se utiliza en Fortnite son los **paVos** (*V-Bucks* en inglés).

 La mayoría de jugadores utilizan **auriculares** o **cascos** para oír los ruidos, como las pisadas de sus enemigos, las entregas de suministros o el sonoro brillo de los cofres.

 Fortnite es un videojuego desarrollado por *Epic Games* y más de **40 millones** de jugadores ya se han descargado la versión Battle Royale. Flipa.

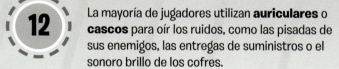 Además de jugar en solitario contra otras 99 personas, los jugadores pueden unirse a **dúos** o **escuadrones** con otros tres compañeros.

¡LLEGAN LOS HÉROES!

En las primeras páginas de la guía hablaremos de los principios básicos del videojuego. ¡Ha llegado el momento de saber más de los héroes con los que juegas y las divertidas apariencias que pueden tener!

> **! DATO FORTNITE**
>
> Puedes ver todos los trajes y apariencias que tienes haciendo clic en la pestaña «Taquilla».

Un héroe distinto cada vez

En la versión Battle Royale de Fortnite, obtienes a tu personaje de forma **aleatoria**. Pero que no cunda el pánico, ¡todos los personajes tienen la **misma energía y las mismas capacidades**! No importa si te toca un luchador supercachas o una elegante heroína diestra en la batalla. Serán tus **armas** y tus **tácticas** las que, al final, te ayuden a sobrevivir hasta el final de la partida.

Apariencias alucinantes

Puedes modificar tu personaje (¡y darle un aspecto mucho más chulo!) si mejoras su apariencia, es decir, el traje. Para ello, tienes que usar los paVos y comprar trajes o apariencias en la pestaña «Tienda de objetos». Pero, recuerda, estas apariencias no harán que mejore tu habilidad en el juego; no son más que elementos estéticos, llamados también **cosméticos**. A continuación, cinco de las mejores apariencias de Fortnite...

El caballero rojo
Rareza: legendaria

Uno de los caballeros de Fortnite. Elige este traje para mostrarte como la **amenaza roja** de Acres Anárquicos.

Wukong
Rareza: legendaria

También conocido como el **Rey Mono**, se lanzó esta apariencia para celebrar el Año Nuevo chino.

Asesina Ártica
Rareza: rara

Forma parte del **gélido** pero alucinante Comando Ártico, ¡te quedarás congelado dentro de esta apariencia de batalla gris!

Quemarruedas
Rareza: épica

Este espeluznante traje de cuero rojo y negro seguro que les pondrá los **pelos de punta** a tus enemigos.

Tomatoide
Rareza: épica

Los fans de Pueblo Tomate adoran esta apariencia, ¡pues es igualito a la **mascota de la pizzería del lugar!**

> **! DATO FORTNITE**
>
> Desbloquea movimientos de baile, como el **Hilo Dental** o el **Carlton** seleccionándolos en la «Tienda de objetos».

TOMA LOS MANDOS

Si acabas de zambullirte en la acción de Fortnite, te vendrá bien familiarizarte con los controles habituales de Battle Royale...

UN PRIMER VISTAZO

Haz clic en «Ajustes», en la parte superior derecha de la pantalla y accede a las pestañas «Controles» y «Mando». Allí, encontrarás el diagrama de controles para jugar a Battle Royale en tu dispositivo. **Estúdialos con mucha atención**, sobre todo las funciones básicas como moverse, correr, disparar, seleccionar arma y saltar.

TIEMPO DE TRANQUILIDAD

Para conseguir agilidad cuando **controlas a tu héroe** en el juego, intenta aterrizar en una zona tranquila y en un lugar alejado de la isla, **cerca del mar**. Si no tienes enemigos pululando a tu alrededor y puedes conseguir un botín de armas, empieza a probar los controles para disparar y construir estructuras. No te preocupes si la tormenta acaba contigo, pues este no será más que un momento de práctica –muy valiosa, eso sí– durante el que aprenderás los fundamentos básicos del juego.

SALA DE PRÁCTICA

Antes de que el **autobús de batalla** despegue, tendrás un poco de tiempo para deambular por la sala de práctica. Emplea ese tiempo para practicar con los controles, prueba algunas de las funciones básicas de construcción o intenta saltar y agacharte para familiarizarte con los mandos. Es un calentamiento muy bueno antes de sumergirte en la batalla en la isla de Fortnite.

CONSTRUCTOR PRO

Si utilizas los **ajustes de controles** de «Constructor Pro», podrás construir mucho más rápido en la partida. Podrás construir una rampa o una pared que podrían salvarte la vida en **un abrir y cerrar de ojos** y sin tener que pulsar un montón de botones.

BAILE DE LA VICTORIA

El baile no es una parte **imprescindible** de la partida, ¡pero es alucinante presumir de unos movimientos fluidos y echarte unas risas! En Xbox y en PlayStation, si presionas la flecha hacia abajo de la cruceta del mando se despliegan los gestos de baile. Practícalos en la sala antes de la batalla.

Descubre la información básica que aparece en tu pantalla:

 La parte de la izquierda del rectángulo te indica la munición que hay cargada en el arma, y la de la derecha, la munición que te queda.

 La barra de salud (verde) y la de escudo (azul).

 La brújula.

 El número de jugadores que quedan vivos (izquierda) y a cuántos has abatido (derecha).

 Los objetos de tu inventario, incluidas las armas y las pociones de escudo.

EL MAPA

¡Conoce las mejores zonas del mapa de Battle Royale!

- CHIRINGUITO CHATARRA
- LOMAS LÚGUBRES
- CARRETES COMPROMETIDOS
- SOCIEDAD SIBARITA
- ALAMEDA AULLANTE
- PUEBLO TOMATE
- BALSA BOTÍN
- RIBERA REPIPI
- SOTO SOLITARIO
- PISOS PICADOS
- SOCAVÓN SOTERRADO
- CIUDAD COMERCIO
- CASERÍO COLESTEROL
- SEÑORÍO DE LA SAL
- TÚNELES TORTUOSOS
- OASIS OSTENTOSO
- LATIFUNDIO LETAL
- INDUSTRIAS INODORAS
- ATERRIZAJE AFORTUNADO

! DATO FORTNITE

El mapa puede **cambiar** de una temporada a otra... ¡quién sabe lo que te encontrarás en el futuro!

Alameda Aullante

Atraviesa los **inmensos árboles** para encontrar el búnker secreto y asegúrate de recoger tanta madera como puedas... **¡te será de gran ayuda después!**

Pisos Picados

La ciudad **más grande** de Battle Royale está llena de materiales y botín. A menudo son muchos los jugadores que deciden aterrizar entre los edificios de esta gran ciudad, ¡así que **estate alerta!**

Caserío Colesterol

Puede **estar muy concurrido**. Cúbrete en los edificios y comprueba el terreno antes de ponerte a saquear y disparar.

Socavón Soterrado

Ubicado en medio del cráter de un gigantesco **meteorito**, la posición central en el mapa de Socavón Soterrado lo ha convertido en un lugar de aterrizaje muy popular entre los jugadores.

Lomas Lúgubres

¡Cuidado! No te lleves **un susto de muerte** en el cementerio de Lomas Lúgubres: a veces, el **profundo silencio** que reina en esta zona puede ser mortal.

Señorío de la Sal

Una de las zonas del mapa donde más gente cae! Busca en las casas botín y un misterioso mapa del tesoro.

Pueblo Tomate

Los restaurantes y la gasolinera esconden un botín que puede ser de **gran utilidad** para el jugador. Una táctica estupenda es hacerte con varias armas al principio de la partida.

Ciudad Comercio

Tiendas, casas, edificios... ¡Ciudad Comercio es **un lugar ideal** para hacerte en pocos minutos con un gran botín durante los primeros momentos de la partida!

Aterrizaje Afortunado

Aterriza al sur de la zona y **hazte con todo el botín que puedas** en Aterrizaje Afortunado. No es un lugar muy grande, pero podrás descubrir un botín bastante útil.

EN LA LÍNEA DE FUEGO

¡Cuando corres a toda velocidad para recoger todo tipo de armas, viene bien saber cuáles son las que tienes que buscar y de cuáles tienes que pasar!

Fusil de Asalto **Rareza:** rara

¡LA FAVORITA DE LOS FANS!

DPS*: 181,5
*Daño por segundo

Daño: 33

Tiempo de recarga: 2,2

Cargador: 30

Muchos jugadores afirman que el fusil de asalto es **la mejor arma** en todos los aspectos. Es útil en combate a corta y a media distancia, con una precisión bastante certera, y provoca un daño considerable. No cuesta mucho encontrar un fusil de asalto raro y, sin duda, es un arma con la que te interesa contar.

Los jugadores comienzan la partida con 100 PS en la barra de salud y con una barra de escudo que puede añadir 100 PS más.

Sufre daños y tu salud se verá afectada.

Poción de escudo	**Sorbete**	**Vendajes**
+50 de escudo	Proporciona 25 HP +25 de escudo	Proporcionan 15 HP

Pistola

La pistola común no está mal para los enfrentamientos a corta distancia, pero incluso en esos casos las escopetas las sobrepasan en potencia de fuego. ¡Es un arma de la que es mejor que **te deshagas en cuanto puedas**!

Rareza: común

DPS: 155,25

Daño: 23

Tiempo de recarga: 1,5

Cargador: 16

Escopeta de corredera

Si de repente te encuentras en un enfrentamiento **cara a cara con un enemigo**, ¡un disparo de esta escopeta dejará claro quién manda en la isla!

Rareza: poco común

DPS: 66,5

Daño: 95

Tiempo de recarga: 4,6

Cargador: 5

Escopeta táctica

En combate, esta arma es una pasada y, además, si consigues apuntar bien, ¡tu enemigo sufrirá **graves daños** en su barra de salud!

Rareza: rara

DPS: 111

Daño: 74

Tiempo de recarga: 5,7

Cargador: 8

Fusil de tirador de cerrojo

Causa un daño descomunal, pero tendrás que **tener muy buena puntería**, pues tienes que recargar el arma después de cada disparo.

Rareza: rara

DPS: 34,7

Daño: 105

Tiempo de recarga: 3,0

Cargador: 1

Subfusil con silenciador

Esta **monstruosa arma automática** provocará serios daños en los duelos a corta y a media distancia.

Rareza: común

DPS: 153

Daño: 17

Tiempo de recarga: 2,2

Cargador: 30

¡Échales un ojo a estos sencillos consejos para sobrevivir a una partida de Fortnite!

CONSEJOS BÁSICOS

Súbete a las zonas altas

Sitúate en una posición elevada para ver qué y a quién tienes cerca. Además, **es más difícil que los demás te alcancen** desde abajo.

Rampa va, rampa viene

Construir rampas para llegar a los tejados o elevar tu posición es una **táctica de supervivencia** estupenda.

Coloca una trampa

Hazte con una trampa y colócala en el interior de un edificio para que caiga en ella cualquier jugador desprevenido que te pise los talones. ¡Bum!

Echa un vistazo

Comprueba bien las esquinas antes de entrar en una sala. Es algo **muy sencillo**, pero ese vistazo puede salvarte la vida.

Agáchate

Si te agachas, te conviertes en un **objetivo más pequeño** y difícil alcanzar; además, podrás tener más estabilidad y con ello mejor puntería. Por si eso fuera poco, haces menos ruido en esta posición que de pie.

! DATO FORTNITE

Si ves una **manzana roja** cerca de un manzano, ¡cómetela y conseguirás **cinco puntos de salud** de regalo!

Consigue armas de largo alcance

Intenta hacerte con fusiles de precisión y fusiles automáticos **en cuanto puedas**. Los necesitarás para atacar a los enemigos cuando estén lejos de ti.

No dispares antes de hora

Dispara solo y únicamente cuando estés seguro de que eliminarás al otro jugador. Recuerda, **los disparos pueden alertar** a los enemigos de tu posición.

Quédate dentro de la tormenta

Piensa que el centro de la tormenta que ves en el mapa es la **zona segura**. Quédate dentro de sus límites para que no te eliminen de la partida antes de tiempo.

NOVATOS: ESTO SÍ

Cinco consejos cruciales para dominar Battle Royale. ¡Ha llegado el momento de ser el rey o la reina del mapa de Fortnite!

¡UTILIZA LAS POCIONES DE ESCUDO!

Siempre, y siempre significa siempre, bébete la poción de escudo **en cuanto la encuentres** para conseguir 50 puntos en tu barra de escudo.

¡JUEGA CUANDO TENGAS TIEMPO!

Antes de empezar una partida, asegúrate de que **tienes tiempo** de terminarla. ¡La batalla no se detendrá porque ya sea hora de comer!

¡DI SÍ AL 1 CONTRA 1!

Enfréntate a tus enemigos en **tensos** combates de uno contra uno: tendrás que dominarlos si quieres convertirte en un experto de Fortnite.

¡TEN PACIENCIA!

Necesitarás mucha práctica y aprender un montón de cosas para dominar Battle Royale. ¡Desarrolla tus habilidades **poco a poco** y al final valdrá la pena!

¡RECOLECTA RECURSOS!

Si no estás recogiendo botín o disparando a un enemigo, **aporrea y destroza** cosas como árboles, coches y contenedores para recoger tantos materiales de construcción como puedas.

NOVATOS: ESTO NO

¡Recuerda estos consejos clave de lo que no tienes que hacer cuando juegas a Fortnite, sea cual sea tu estilo de juego!

¡NO OLVIDES LA MUNICIÓN!

Sí, recoger armas épicas nuevas es la pera, pero recuerda que también vas a tener que recoger **un montón de munición** para poder acabar con tus oponentes.

¡NO TE CENTRES EN LAS MUERTES!

El objetivo de Battle Royale es ser el último participante que quede con vida de la partida, sin importar la cantidad de jugadores que hayas eliminado. ¡No lo olvides!

¡NO TE AUTOELIMINES!

Si haces alguna tontería como hacer estallar un lanzacohetes justo delante de ti, **¡fin de la partida, colega!**

¡NO CORRAS A RECOGER EL BOTÍN!

Recoger el botín justo después de acabar con un enemigo es tentador, pero comprueba **que no hay riesgo** antes de exponerte, ¡porque pueden estar acechándote!

¡NO TE QUEDES EN CAMPO ABIERTO!

Deambular al aire libre no es buena idea. Intenta desplazarte siempre sin que te vean, en silencio, sin dejar de moverte nunca, por si acaso hubiese un enemigo con un fusil de tirador al acecho.

PERDONA, ¿QUÉ?

Aprende las expresiones y las palabras básicas de Fortnite...

AUTOBÚS DE BATALLA

El autobús azul volador del que **todos los jugadores** saltan al principio de una partida de Battle Royale.

JcJ

Jugador contra Jugador. Battle Royale es un juego de jugador contra jugador. En cambio, Salvar el Mundo es un juego de Jugador contra Entorno (**JcE**).

ENTREGA DE SUMINISTROS

Una caja azul con botín que cae del cielo dentro de la tormenta de forma aleatoria. Contiene **objetos mejores** que los cofres normales.

RECOLECTAR

Cuando un jugador **recoge recursos** o materiales como madera, ladrillos y metal. ¡Es imprescindible hacerlo si quieres convertirte en un constructor experto!

APARECER

Los objetos que aparecen son **armas o recursos** que se crean en el mapa.

MODO DE TIEMPO LIMITADO

Son **juegos especiales** que solo estarán disponibles durante un tiempo limitado, como el 50 contra 50 y el enfrentamiento en solitario.

VICTORIA MAGISTRAL

Premio que se entrega al ganador de una partida. ¡Conseguir la Victoria magistral es tu **objetivo principal**!

MUERTE

Cuando **eliminas** a un enemigo de la partida.

BIDÓN DE PLASMA

¡Un objeto **legendario** de Fortnite! Tómatelo y recupera toda tu barra de salud y de escudo.

FRANCOTIRADOR

Un enemigo que te dispara **desde lejos**. Para ser francotirador hay que tener muy buena puntería.

COFRES

En Battle Royale, los cofres de madera contienen objetos como **armas o pociones** que puedes recoger.

APARIENCIA

La apariencia de tu héroe (personaje en el juego). Personalizar apariencias es una parte importante de Fortnite.

BOTIQUÍN

Un objeto de curación muy útil que te restablece **toda la salud** en diez segundos.

ACTUALIZACIONES

Cuando *Epic*, los desarrolladores, cambian o añaden algo **nuevo** a Fortnite. ¡Las actualizaciones suelen ser bastante chulas!

NUEVAS ACTUALIZACIONES

ALA DELTA

Los jugadores **despliegan** su ala delta después de saltar del Autobús de batalla y lo utilizan para aterrizar en una zona del mapa.

LLAMA BOTÍN

Un botín muy, muy raro (con un aspecto **igual de raro**) lleno de materiales, trampas, pociones, munición y mucho más.

LA SEGURIDAD ANTE TODO

Fortnite es un juego lleno de aventuras y diversión, pero es muy importante que juegues de forma segura.

JUEGO DE PADRES

Si ya eres lo bastante mayor como para jugar a Fortnite, es buena idea **enseñarles a tus padres o tutores legales** de qué va el juego. Déjales que te vean jugar o, mejor aún, turnaos para jugar una partida y pasad un muy buen rato juntos.

! DATO FORTNITE

En «Ajustes», se pueden aplicar filtros de idioma. Además, también se puede apagar el chat de voz en la pestaña «Sonido».

A TODO VOLUMEN

Quizá utilices cascos o auriculares mientras juegas, pero si subes el volumen de la **pantalla o de la televisión** en la que estás jugando, todo el mundo en casa podrá oír lo que está pasando y lo que dicen los demás jugadores en la partida. Así, se pueden quedar tranquilos en cuanto a que no se diga nada inoportuno o inadecuado.

EL PODER DE LA CONTRASEÑA

Cuando configures tu cuenta, es buena idea pensar una **contraseña segura y nueva**, es decir, una que no utilices para otra cuenta. Nunca compartas tus contraseñas con nadie en internet.

HABLAR POR EL CHAT CON CABEZA

En Fortnite puedes hablar por el chat y enviar mensajes a otros jugadores. **Nunca des información sobre tu vida privada a otras personas**; mucho menos si no las conoces en la vida real. En caso de que no te sientas cómodo o a gusto con algo que veas u oigas, díselo a un adulto.

INFORMACIÓN DEL APODO

Cuando juegues en un videojuego en línea como Fortnite, nunca crees una cuenta que pueda revelar detalles de tu vida privada a otras personas. **No utilices tu nombre y tus apellidos juntos** para el nombre de usuario.

INFORMA A LOS DESARROLLADORES

En el menú principal se puede **denunciar** a un jugador cuyo comportamiento no sea el adecuado. Si además adjuntas capturas de pantalla o un vídeo en el que se demuestre su mal comportamiento, será más sencillo para los encargados de *Epic* ver qué ha pasado.

ESTABLECE UN HORARIO

Te aconsejamos que **tus padres** y tú acordéis un límite de tiempo para jugar a Fortnite. De esta manera sabrás exactamente cuánto tiempo tienes para entrar en una batalla. Además, dejar de mirar la pantalla evitará que te canses.

GUÍA DE JUEGO

La «etiqueta» es el código de conducta que describe cómo se tienen que comportar los jugadores. Al relacionarte con los demás jugadores, sé educado y **no digas palabrotas ni insultes**. Si haces trampas, es probable que te denuncien y los desarrolladores te expulsen. No mola.

DOMINA BATTLE ROYALE

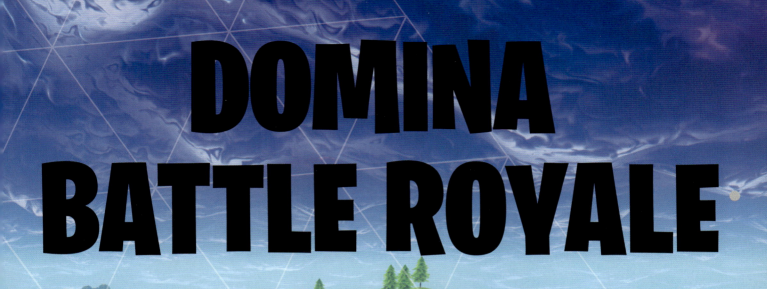

Ahora que ya tienes los conocimientos básicos del juego y que has descubierto algunos de los mejores consejos que te pueden dar, ¡ha llegado el momento de darle caña! En esta parte de la guía de Fortnite te revelamos los secretos y las técnicas especiales que tienes que conocer para ser el mejor de la partida. ¡Acepta la misión y a por todas!

ATERRIZA COMO UN PROFESIONAL

¡Detalles de zonas de aterrizaje letales!

Calcula tus posibilidades en cuanto hayas subido al autobús de batalla.

¡Si aterrizas en el suelo, enseguida podrás empezar a recoger botín! Busca un lugar **poco elevado** para aterrizar, como una carretera o un valle, y aléjate de las colinas: los lugares elevados provocarán que tu ala delta se abra antes. Llegarás **antes** a suelo firme si caes en picado que si planeas con el ala delta.

¡ DATO FORTNITE

No aterrices en el agua que rodea la isla: ¡serás **eliminado** de la partida al instante!

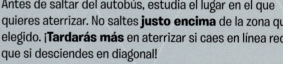

Antes de saltar del autobús, estudia el lugar en el que quieres aterrizar. No saltes **justo encima** de la zona que has elegido. ¡**Tardarás más** en aterrizar si caes en línea recta que si desciendes en diagonal!

Cuando estés cerca del suelo, dirígete a una estructura elevada o al tejado de un edificio. Tendrás unas **vistas** estupendas de la zona en la que has aterrizado y podrás buscar y recoger el **botín** que está escondido en el edificio, como tu primera arma y la primera poción de escudo, que serán de suma importancia.

DATO FORTNITE

Cualquier zona nueva del mapa **estará hasta los topes** de jugadores. ¡Aterriza solo en esos lugares si **confías** en tus dotes para eliminar rápidamente a tus enemigos!

No importa la zona de la que salga el autobús de batalla; muchos jugadores aterrizarán en el punto de partida del recorrido del vehículo. Puedes quedarte a bordo del autobús un poco más y elegir una zona **más tranquila**, lejos de otros jugadores, y con un poco de suerte, ¡**conseguir una rareza como botín!**

Mientras planeas por el cielo, **vigila bien de cerca** al resto de jugadores que saltan del autobús de batalla al mismo tiempo que tú. Intenta ver dónde aterrizan y cuántos de ellos lo consiguen: ¡serán los **rivales** a los que te tendrás que enfrentar para conseguir la Victoria magistral!

Aterriza como una leyenda...

 Ten claro adónde te diriges.

 Llega al suelo a toda velocidad.

 Consigue un arma de inmediato.

Siete secretos para sobrevivir a LA TORMENTA

DATO FORTNITE

Recuerda que, en cada partida, el ojo de la tormenta se moverá en una **dirección aleatoria**. Apréndete los posibles movimientos de la tormenta.

Presta atención a las **alertas automáticas** que aparecerán en la pantalla, pues te avisarán cuando el ojo de la tormenta se **reduzca**. ¡Sabrás lo rápido que debes moverte para permanecer en su interior!

 Puedes quedarte **cerca del borde** de la tormenta y, después, avanzar poco a poco con ella a medida que se reduzca. Así puedes acabar con algunos enemigos y esperar estar entre **los últimos diez** supervivientes de la partida.

 No te quedes atrapado dentro de un edificio luchando con otro jugador si necesitas salir corriendo para alcanzar la zona segura. **¡Planea tus tácticas** con antelación y ten siempre en mente **las vías de escape**!

 En el mapa, el **círculo azul** representa el ojo de la tormenta, mientras que el **círculo blanco** te indica adónde se desplazará después. **No pierdas de vista ninguno de los dos círculos mientras juegas.**

 Si el primer lugar en el que te enfrentas a otros enemigos y recoges un botín está muy lejos del ojo de la tormenta, vas a tener que **correr mucho** para conseguir llegar a la zona segura. ¡Nunca te alejes demasiado del círculo blanco!

 Una poción de escudo no te protege del **daño que causa la tormenta**, que ataca directamente a tu salud. ¡Lástima!

 Sé consciente del daño que puede hacerte la tormenta. ¡En las últimas etapas, puede provocar 10 DPS y acabar con tu salud **en pocos segundos**!

Sé un constructor

DE PRIMERA

Para adentrarte en el mundo de Battle Royale, tienes que aprender cómo y qué debes construir.

Hay tres materiales de construcción para recolectar en Battle Royale: **madera**, **ladrillos** y **metal**. La cantidad que tienes de cada uno aparece a la derecha de la pantalla. La madera es el **recurso de construcción más versátil**, y con ella construirás un montón de cosas a gran velocidad, pero los otros dos son más fuertes.

Madera

Ladrillos

Metal

Para recolectar materiales solo tienes que **romper cosas** como una pared o un coche con el pico, y ver aumentar tu inventario. Si matas a un enemigo, también podrás saquear su botín y **llevarte todos sus materiales de construcción**.

DATO FORTNITE
Cuando destroces algún objeto con el pico, apunta siempre al **círculo parpadeante** que aparece. Así conseguirás recolectar los materiales más rápido.

Paredes para protegerte

Fuerte de batalla

El fuerte portátil

Cuando corras por campo abierto, donde **otros jugadores puedan dispararte con facilidad**, mientras te mueves, construye a toda velocidad unas paredes de madera para protegerte y mantenerte a salvo. Coloca las paredes de madera delante de ti, detrás o a tus lados.

Construir un fuerte de gran altura es una **muy buena técnica** para alcanzar cierta altura y sacar ventaja al resto de oponentes. No te detengas en los detalles ni pierdas tiempo en hacerlo demasiado grande, pues tendrás que dejarlo atrás cuando el ojo de la tormenta se reduzca. Añade ventanas para poder disparar con facilidad al resto de jugadores.

El fuerte portátil, de rareza épica, es un **cubo brillante** que, cuando se despliega, construye al momento un **gran fuerte de metal**. ¡Es superchulo y muy útil en los momentos finales de la partida!

DATO FORTNITE

El objetivo de los mejores jugadores será tener **más de trescientas** unidades de cada material de construcción, sobre todo en los momentos finales de una partida.

Construye una valla

Hasta el tejado

Puede que las vallas de madera, tan bajitas, no parezcan gran cosa, pero se construyen en **un visto y no visto** y pueden salvarte la vida, pues sirven como escudo. Las vallas bajas no se ven con facilidad, así que no delatarán tu posición. Además, pueden ser un **lugar estupendo** desde el que disparar a tus enemigos.

Cuando se acerca el fin de la batalla y los enemigos recogen granadas y cohetes, tu construcción o fuerte deberá contar con un **tejado**. Gracias a esta protección, se reducirá el daño causado por los misiles que te lancen.

Conviértete en un experto en

ARMAS

En estas páginas encontrarás información sobre cómo sacar el máximo provecho a tus armas. No importará si tus oponentes están justo delante de ti o a metros de distancia, ¡pronto los eliminarás como un auténtico experto!

Nociones básicas...

 Comprueba siempre a quién tienes alrededor durante un tiroteo.

 Las armas épicas y las legendarias pueden parecerse mucho.

 Tu precisión puede mejorar si disparas en ráfagas cortas.

Corto alcance

La mejor arma: la escopeta pesada

Salió para Battle Royale en 2018 y los jugadores se volvieron locos en cuanto probaron esta increíble arma. Lógicamente, no es tan fácil encontrar la escopeta pesada legendaria como la escopeta corredera o la táctica, pero vale la pena buscarla y hacerse con ella.

★★★★★

Rareza: legendaria y épica

DPS: 77

Daño: 77

Cadencia de fuego: 1,0

Tiempo de recarga: 5,6

Cargador: 7

En los tiroteos a **corta distancia es la mejor arma** en todos los aspectos. La escopeta corredera inflige un poco más de daño, pero la escopeta pesada, ya sea la épica o la legendaria, provoca un mayor daño por segundo y tiene dos cartuchos más en el cargador.

Busca la escopeta pesada en los cofres y en las entregas de suministros. También puedes conseguirla después de acabar con un enemigo. **Tómate una fracción de segundo** para apuntar bien, porque esta arma requiere un disparo preciso para infligir **un daño impresionante**.

! DATO FORTNITE

La escopeta pesada fue la **primera escopeta legendaria** de Battle Royale.

También puedes utilizar: la escopeta corredera, la escopeta táctica y el subfusil con silenciador.

Medio alcance

La mejor arma: el fusil de asalto SCAR

Aunque también es bastante bueno para los enfrentamientos a larga distancia, ¡el fusil de asalto SCAR es la mejor arma de todas en los combates a media distancia! Si le echas el ojo a uno de estos fusiles en el mapa, haz todo lo que esté en tu mano para conseguirlo. El fusil de asalto SCAR es un modelo mejorado del fusil de asalto M16.

★★★★★

Rareza: legendaria y épica

DPS: 198

Daño: 36

Cadencia de fuego: 5,5

Tiempo de recarga: 2,1

Cargador: 30

También puedes utilizar: el fusil de asalto M16 y el fusil de asalto de ráfaga.

No tienes que ser un tirador de primera para conseguir dominar a esta bestia, pero si **disparas a la cabeza**, podrás eliminar a un oponente casi con un solo disparo. Su gran cargador te permite disparar durante bastante tiempo y, además, no tarda mucho en recargarse.

Ten presente que no hay una gran diferencia entre un fusil de asalto SCAR morado (épico) y uno dorado (legendario). Si consigues el morado, ya puedes estar contento, **¡porque este fusil podría catapultarte al top diez de tiradores!**

Largo alcance

La mejor arma: el fusil de tirador semiautomático

El fusil de tirador de cerrojo (página 15) tiene unas estadísticas un poco mejores que el semiautomático, pero si lo que quieres es derribar objetivos a larga distancia, el fusil de tirador semiautomático es el arma favorita de la mayoría de jugadores. Su cargador es mucho más grande que el del fusil de tirador de cerrojo, lo que implica que no tienes que recargarlo tan a menudo, y tarda un pelín menos en completar la recarga.

★★★★★

Rareza: legendaria y épica

DPS: 79,2

Daño: 66

Cadencia de fuego: 1,2

Tiempo de recarga: 2,3

Cargador: 10

! DATO FORTNITE

Los fusiles de tirador necesitan bastante munición que tendrás que ir **rellenando** mientras buscas y recoges botín.

Puedes infligir un gran daño con el fusil **si aprietas el gatillo con suavidad**: no dispares muchas balas de una vez. El fusil **da un gran culatazo** al disparar, y necesitarás un segundo para estabilizar la puntería.

Deberás **mantener el aumento de la mira** para poder fijar el blanco. Pero, como puedes disparar varias veces, te quedarás quieto más tiempo que con otras armas y te convertirás en un **blanco fácil**.

También puedes utilizar: el fusil de caza y el fusil de tirador de cerrojo.

EN BUSCA DEL BOTÍN

Hay ciertos lugares a los que deberías dirigirte o al menos estar pendiente de ellos si buscas mejor equipamiento que te ayude a combatir como un experto.

¡Comprueba los tejados...

El principio de la partida es siempre **el mejor momento** para entrar en los edificios y en las casas. Tienes grandes probabilidades de ser **el primero en encontrar** cofres y hacerte con las tan necesitadas armas. No te olvides del tejado al recoger el botín; quizá tengas que construir rampas y romper paredes para llegar a ellos.

...y los sótanos!

¡Así como no debes olvidarte de subir hasta el tejado, tampoco tienes que olvidarte de bajar hasta el sótano mientras buscas el botín! Allí podrás **recolectar un montón de objetos útiles**, y son muchos los jugadores que se olvidan de comprobarlos. Busca las entradas exteriores a los sótanos y **destrózalas para entrar** por ellas, en lugar de entrar por la puerta principal de las casas.

Suministros caídos del cielo

Los suministros son unas **cajas azules** que caen del cielo colgando de un globo. A menudo aparecen cuando solo quedan 20 o 30 jugadores en la partida. Si **oyes un sonido parecido a un trueno**, mira al cielo para ver dónde caerá la entrega y corre hasta allí para hacerte con los objetos.

Una munición increíble

Los cofres de municiones son muy, **pero que muy importantes**. Cuando asaltas un lugar a toda prisa, puede que sea un poco difícil ver estas cajas de color verde oscuro, ¡pero siempre, siempre, **tómate un segundo** para rellenar tus reservas de municiones!

Vehículos VIP

¿No te llaman la atención los coches y las camionetas? **¡Mal hecho!** Puede haber cofres cerca o encima de ellos. También puede haber botín **escondido en la parte trasera de los camiones**, pero intenta que no te pillen dentro y te acribillen.

Mira otra vez

¡El botín no siempre se esconde en los mismos lugares! Vale la pena mirar en los **lugares secretos** donde ya has encontrado antes cofres y cajas de municiones, pero no esperes que siempre vayan a estar en el mismo sitio. En Battle Royale, ¡necesitas un plan B y unos **ojos de lince** para encontrar los mejores objetos!

DATO FORTNITE

Puedes utilizar una **plataforma de lanzamiento** para elevarte en el aire y desplegar el ala delta para caer justo encima del globo de los suministros. ¡Es una forma **muy molona** de hacerte con el botín!

Tres lugares estupendos para recoger botín:

- ! **Pisos Picados**
- ! **Ciudad Comercio**
- ! **Pueblo Tomate**

¡Mejora tus habilidades de combate con estos consejos y trucos para sobrevivir!

CONSEJOS AVANZADOS

La estela delatora

Las balas dejan una estela delatora, así que **puedes ver desde dónde las han disparado** tus oponentes. Este truco puede ayudarte a averiguar dónde se esconden los francotiradores. Pero recuerda: ¡tus balas también dejan una estela que delata tu posición cuando disparas!

Cierra las puertas

A veces, una buena táctica es cerrar las puertas que dejas atrás al entrar en un edificio. Si las dejas abiertas podrías **alertar a otros jugadores** de que hay alguien en el interior del edificio y podrían **tenderte una emboscada**!

No dispares

A veces, **no** disparar a un enemigo puede ser la mejor táctica. Si ves a un jugador a lo lejos y él no te ha visto, no te sientas **en la obligación** de eliminarlo. Quizá lo haga otro jugador y así no habrás revelado tu posición.

Rebote neumático

Caer desde una gran altura puede eliminarte de la partida, pero si caes sobre una pila de neumáticos negros, evitarás el impacto y rebotarás, **y eso te salvará la vida**. Y, si saltas a unos neumáticos desde el suelo, también darás un potente rebote.

La pirámide loca

Construir una base con forma de pirámide invertida puede ser muy útil para acabar con tus enemigos desde el suelo. Construye dos paredes en los cuatro lados y luego coloca piezas de tejado inclinado invertidas rodeándolo todo. Ahora, puedes ver todo lo que te rodea y **acribillar a tus oponentes.**

El arbusto infiltrado

Encuentra **el arbusto, un objeto consumible legendario**, ¡y quizá tengas la Victoria magistral a la vista! Disfrazarte de arbusto hace mucho más difícil encontrarte y te será mucho más fácil acabar con tus enemigos. Pero no vayas por ahí corriendo: ¡un arbusto que no para de moverse **no es muy normal**!

! DATO FORTNITE

Si sufres daños vestido de arbusto, el disfraz **desaparecerá**.

Actúa por impulso

La granada de impulso es un arma que **se lanza a los jugadores** para catapultarlos por los aires. Si están en posición elevada, pueden sufrir daño por caída.
Es **una táctica muy útil** para hacer salir a los camperos (los que se esconden en edificios) a campo abierto hacia el final de la batalla.

Cómo dominar

EL COMBATE EN CORTO

Desde que aterrizas, puedes verte inmerso en un combate en corto en cualquier momento. ¡Prepárate con esta guía para expertos!

Si te enzarzas en un combate en corto en campo abierto, no dispares usando la mirilla. Tendrás menos movilidad y te convertirás en **un blanco más fácil**.

Si te estás protegiendo detrás de una pared o de un objeto y tu enemigo está cerca, asómate, **apúntale a la cabeza** y dispara con rapidez antes de agacharte de nuevo para resguardarte.

Fortnite es un videojuego de lucha en tercera persona. Eso significa que puedes ver a tu héroe y todo el escenario que lo rodea. **Aprovecha esa ventaja** y decide qué zona es segura.

Si aterrizas cerca de otros jugadores y no puedes hacerte con un arma, recuerda que siempre puedes utilizar el pico para eliminar a tus enemigos. Eso sí, tendrás que asestarles **varios golpes**.

Si tienes que defenderte y arañar unos valiosos segundos para decidir cuál será tu próxima jugada, empieza a **saltar y a moverte por todas partes**. Es mucho más difícil darle a un blanco en movimiento.

A corta distancia, con un arma como un subfusil con silenciador, no hay por qué buscar una puntería infalible. Suéltate el pelo y líate a **disparar sin apuntar** en cuanto tengas al enemigo delante.

Si te enfrentas a un oponente que salta y después dispara, **construye a toda velocidad una pared** mientras salta y, con un poco de suerte, podrás bloquear el disparo.

No corras nunca al interior de un edificio cuando te dispare un enemigo que tengas justo delante. ¡Podría **ponerte una trampa y morirías fácilmente**!

Lanza una bomba de *boogie*, un arma rara a distancia, y tu enemigo se pasará **cinco segundos bailando**.

TRUCOS CON TRAMPAS

¡Las trampas de daño son uno de los objetos más épicos de Battle Royale! No son muy comunes, así que puede ser complicado dominarlas y aprovecharlas al máximo.

Una trampa de daño es una baldosa con pinchos que se puede colocar en el suelo, en una pared o en el techo de un edificio. Si el enemigo pasa por delante o por debajo de la trampa, esta explotará y le provocará daños contundentes. Por suerte, ¡es imposible que actives la trampa por accidente y te hagas daño solo!

DATO FORTNITE

Los otros jugadores pueden **destruir** las trampas de daño con sus armas.

El truco está en dejar **un botín suculento** cerca de una trampa de daño en un edificio y esperar que un ansioso oponente corra a por él. También puedes colocar la trampa y hacer que un enemigo te persiga y caiga en ella. Es una táctica arriesgada porque es probable que te disparen.

Un truco sencillo con el que se puede pillar a los jugadores novatos: deja un arma o un objeto que no necesites, apártate, escóndete y, cuando otro jugador se acerque para recogerlo, le disparas. ¡Fácil!

¡Los explosivos remotos C4 pueden ayudarte a tenderles a tus enemigos una trampa buenísima! Es un **arma rara** que puede encontrarse en las llamas de suministros, entregas de suministros y cofres. Los explosivos remotos C4 tienen que adherirse a una estructura y explotan por control remoto. Tienen la capacidad de acabar con enemigos y edificios.

Si eres un constructor hábil y rápido, puedes **construir una estructura alrededor de tu enemigo** y atraparlo en su interior. Sube más que él y pon suelo sobre sus escaleras. El broche de oro es colocar una trampa de daño para que tu oponente la active sin saberlo. ¡Bum!

DATO FORTNITE

Las trampas **no ocupan lugar** en tu inventario.

SECRETOS Y EXTRAS

Los desarrolladores de *Epic* siempre están añadiendo novedades y extras a Battle Royale. Aquí tienes algunos de los mejores.

El **fusil de asalto con mira térmica** hizo su primera aparición en 2018. Permite detectar la huella térmica de los enemigos, de los cofres y de las entregas de suministros, y el modelo de rareza legendaria produce un 37 de daño básico. ¡Es muy difícil esconderse de esta superarma!

Epic Games ha mejorado el sistema de **repeticiones** y ahora puedes utilizar cámaras de dron, cámara superlenta, funciones *quick-time* y un montón de opciones más. ¡Capturar los mejores momentos de una partida es muy sencillo! Haz clic en la pestaña «Carrera» y selecciona las repeticiones para echarles un vistazo.

Si te encuentras con una **máquina expendedora** en la isla, ¡fíjate en los objetos tan chulos que puedes recoger! Te costarán entre 100 y 500 unidades de madera, metal, piedra o ladrillo. Dale un golpe con el pico y mira qué te ofrece.

Con la suficiente habilidad (¡y práctica!), puedes **montarte en un misil teledirigido** y atravesar el cielo volando. Dispara el misil y, después, dirígelo hacia ti mismo en un vuelo suave y bajo. Entonces, da un salto y móntate. ¡Buen viaje!

Encuentra una **fogata acogedora** y cúrate, o curaos tus compañeros y tú si juegas en modo dúo o en escuadrón. Es una trampa rara y te curará 2 PS por segundo, con una duración de 25 segundos.

Las **bocas de incendio** se pueden destrozar y los chorros de agua que salen de ellas pueden propulsarte hacia arriba; incluso puedes llegar hasta algunos edificios. La próxima vez que veas una, ¡haz la prueba!

DATO FORTNITE

Con las **mochilas propulsoras legendarias** puedes volar a toda velocidad por el cielo. Aparecieron por primera vez, como objeto disponible por tiempo limitado, en 2018. ¡Ojalá vuelvan algún día!

Ese mismo año, *Epic Games* invitó a los fans de Fortnite a mostrar sus mejores pasos de baile y compartirlos en las redes sociales. Otorgaron premios a los 100 mejores y el paso ganador se convirtió en un gesto del juego.

FORMAD EQUIPOS

Battle Royale no solo se puede jugar en solitario: ¡juega en modo dúo o en escuadrón y aspira a conseguir la Victoria magistral con tus amigos!

En la sala previa a la partida, selecciona dúo o escuadrones e invita a jugadores que conozcas de tu lista de amigos. También puedes usar la opción «Completar» para emparejarte con uno o tres jugadores desconocidos, según el modo.

DATO FORTNITE

Puedes ver cuánta **salud** y cuánto **escudo** les queda a tus compañeros de equipo.

En la partida, sabrás quiénes son tus compañeros de equipo porque sus nombres aparecerán **encima de sus cabezas**. Aprende a centrarte en atacar y derribar al enemigo: ¡que no te asusten tus propios compañeros!

En los modos por equipos, los dúos siempre juegan contra otros dúos y los escuadrones contra otros escuadrones. Tu escuadrón no tiene por qué estar formado por cuatro jugadores, pero jugar solo con tres héroes es **una gran desventaja**.

A *Epic Games* le encanta lanzar **Modos de Tiempo Limitado** (MTL), que son juegos a los que solo se puede jugar durante un breve periodo de tiempo, normalmente una semana. En **Equipos de 20**, cinco equipos de veinte jugadores se enfrentan entre sí, ¡e incluso ha existido a una versión alucinante de 50 contra 50!

En equipo, una **táctica estupenda** es que una pareja cargue hacia el enemigo mientras los otros dos hacen de francotiradores estando a cubierto. ¡Los **harás polvo** y **cundirá el caos**! Usad una fogata para curaros el daño.

Si derribáis a un jugador en dúos o escuadrones, no **corráis siempre** a rematarlo o a recoger su botín. Otros miembros del equipo enemigo podrían acercarse en ese momento y podréis dispararles a ellos también. ¡Buen trabajo en equipo, muchachos!

Los **Enfrentamientos en solitario** son partidas MTL especiales. En el primer evento de este enfrentamiento de 2018, la batalla fue mucho más corta de lo normal. ¡La tormenta se cerraba mucho antes y los jugadores ganaban paVos según las muertes causadas y de acuerdo con su posición en 25 partidas ultraemocionantes!

Los tres mejores consejos para jugar en equipo:

 1 Aterrizad todos juntos.

 2 Comunicaos todo el rato.

 3 Compartid los objetos de curación.

¡Una explicación rápida de qué son los paVos, las temporadas, los pases y los desafíos en Battle Royale!

EXTRAS DEL JUEGO

Hay un montón de formas de aumentar la diversión de Fortnite, pero algunas cuestan dinero real...

Los **paVos** son la moneda que se utiliza en Fortnite. Se compran en el juego con dinero de verdad. Los paVos te permiten mejorar algunos aspectos del juego como la apariencia de tu personaje, las herramientas, las alas delta, los gestos y muchos más cosméticos que harán que tu personaje brille con luz propia en la isla.

DATO FORTNITE

Recuerda: ¡no **necesitas** pases, ni paVos, ni completar desafíos para disfrutar de toda la diversión que te ofrece el modo Battle Royale de Fortnite!

El pase gratuito

Los jugadores pueden aprovechar el sistema de recompensas del **pase gratuito** de Battle Royale. Completa las misiones para desbloquear una pequeña cantidad de cosas gratis, entre ellas iconos, gestos y unos pocos paVos. El pase gratuito es gratis (¡claro!) y los desafíos pueden ser bastante básicos. Cuantas más misiones completes, más niveles desbloquearás.

El pase de batalla

El **pase de batalla** es una versión ampliada del pase gratuito que tienes que comprar con paVos. Entre las recompensas del pase de batalla tienes: pantallas de carga, alas delta, herramientas y también iconos, trajes o apariencias y gestos.

Estrellas de batalla

Los jugadores ganan **estrellas de batalla** según los desafíos semanales o las misiones diarias que completen. Para subir de nivel tienes que ganar una cantidad determinada de estrellas de batalla. Echa un vistazo en la sala para ver todos los desafíos que aparecen listados.

Temporadas

Los pases de batalla giran en torno a una **temporada** de Fortnite. Por lo general, una temporada dura unos dos o tres meses y, para participar en ella, tienes que comprar el nuevo pase de batalla con los paVos. Puedes unirte a la temporada en cualquier momento, pero lo más lógico es hacerlo al principio.

Por último, en cada **temporada** que juegas puedes aumentar tu experiencia (PE). Esto aumentará el nivel de tu temporada. Los PE de cada temporada se basan, sobre todo, en lo bien que te desenvuelvas en las partidas, el tiempo que sobrevivas en ellas y la cantidad de enemigos que elimines.

Salvar el mundo

ATAQUE AL PLANETA

¡Unos monstruos muy raros amenazan el mundo y solo tu equipo y tú podéis protegerlo! Estas son las nociones básicas de Fortnite: Salvar el mundo.

CONSEJOS ESENCIALES

! Este JcE solo se puede jugar en solitario o en un escuadrón de hasta cuatro jugadores. Tienes que **completar misiones** y luchar contra unos monstruos zombis llamados cáscaras.

! En las misiones tendrás que construir **estructuras épicas**, defender lugares o intentar rescatar a los supervivientes de las garras de los monstruos.

! Tu escudo antitormentas es una **base permanente** que construyes tú. Puedes almacenar objetos en su interior.

! Hay **cuatro clases de héroe** con las que podrás jugar: soldado, constructor, trotamundos y ninja.

! **Recolectas** metal, piedra y madera, pero también otros objetos como cordeles, tuercas, tornillos y minerales.

! La fabricación de objetos es **una parte muy importante** de Salvar el mundo, pero tienes que encontrar los esquemas (o planos) de las cosas que quieras fabricar.

! Los héroes pueden **subir de nivel** completando las misiones y ganando PE.

51

CONOCE AL ENEMIGO

Ha llegado el momento de conocer a los principales monstruos contra los que tendrás que enfrentarte en Salvar el mundo... ¡Prepárate para enfrentarte a tus miedos!

Cáscaras

Son los **enemigos más habituales** en la versión JcE de Fortnite. Parece que lleven unas sudaderas con capucha, pero en realidad tienen toda la piel del cuerpo y de la cara estirada. ¡Puaj!

DATO FORTNITE

Los cáscaras normales **atacan cuerpo a cuerpo**, es decir, utilizan las manos para infligir daño a sus enemigos.

Cáscaras fornidos

Son más fuertes y más grandes que los cáscaras normales. Pueden **hacer daño** tanto a los jugadores como **a los edificios**.

Cáscaras de cromo

Estos cáscaras con aspecto metalizado tienen mayor potencia defensiva y pueden **regresar de la muerte**, a no ser que se los elimine con fuego o agua.

Cáscara beisbolista

¡Ten mucho cuidado con los cáscaras beisbolistas! Estos amantes del béisbol **te lanzarán huesos**, y si se juntan varios, pueden hacerte mucho daño.

Imitadores

Los imitadores son unos monstruos desquiciantes que parecen cofres. Después de que el jugador los encuentre, se **transforman** y... ¡atacan!

! DATO FORTNITE

Los explosionadores lanzan por los ojos **rayos láser** que pueden acabar contigo a larga distancia.

Monstruos de la bruma

Los monstruos de la bruma son menos comunes que los cáscaras, ¡pero son más grandes y más peligrosos porque infligen más daño! **Los destructores**, **los usurpadores**, **los explosionadores** y **los lanzacáscaras** son cuatro tipos de horribles monstruos de la bruma. ¡Los lanzacáscaras tienen un brazo más largo que el otro y lanzan a los cáscaras con su superfuerza!

Rescata a los supervivientes

ESTRATEGIA Y TRUCOS

Rescata a los supervivientes es una de las misiones más chulas y divertidas de esta versión. Estos consejos muy útiles te ayudarán a completarla!

! DATO FORTNITE

La misión Rescata a los supervivientes es una manera estupenda de aumentar la energía de tu base.

El objetivo es rescatar a seis supervivientes en 20 minutos. El reloj **suena sin parar** y necesitarás un buen arsenal para completar la misión. El fusil de asalto es, en todos los aspectos, la mejor arma de todas a la hora de buscar supervivientes.

Si estás cerca de un superviviente, a menudo aparecerá en tu minimapa como una **figurita azul**. Consúltalo a menudo: puede ser una forma sencilla de encontrar a las personas que buscas.

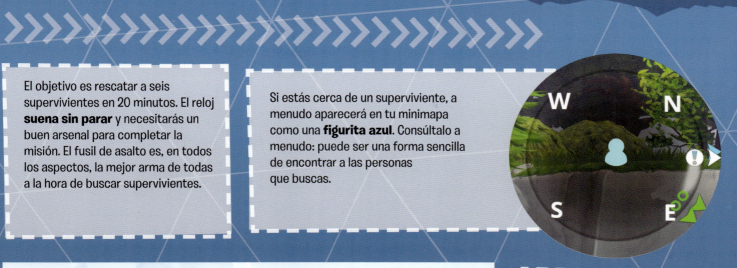

¡Busca en **las alturas y a ras de suelo**! Los supervivientes pueden estar escondidos en el último piso de altos edificios en las ciudades o en sótanos y zonas subterráneas. ¡En esta misión tienes que ser un explorador excepcional!

Puedes encontrar supervivientes detrás de grandes estanterías o zonas de suministros, aunque también pueden estar escondidos en las esquinas de las habitaciones. Presta mucha atención y **fíjate bien en lo que te rodea** para encontrar a los seis supervivientes que intentas rescatar.

Ten siempre armas cuerpo a cuerpo a mano, como una espada o una lanza, para ayudarte en los **combates en corto**. Si te quedas sin munición, ¡de poco te servirán las de fuego frente a los cáscaras!

Entre otras **emocionantes** misiones generales de Salvar el mundo están defender el escudo antitormentas, destrozar campamentos y las misiones de escolta y evacuación.

Podrás oír los gritos y las llamadas de los supervivientes durante el juego. **Utiliza auriculares** y sus voces te ayudarán a localizarlos.

¡Todo lo que necesitas saber!

FABRICAR Y CONSTRUIR

Son dos partes muy importantes de la versión Salvar el mundo, así que presta atención a estos consejos.

En el modo Salvar el mundo, las armas tienen un **nivel de duración** que aparece en la parte superior derecha de la pantalla. Cuando el nivel **se agote**, tendrás que fabricar y reemplazar el arma con los esquemas.

Consigue tuercas y tornillos, materiales **imprescindibles** de construcción, de los parquímetros que hay en los arcenes. Es muy fácil destrozarlos y siempre te darán materiales. Otros objetos de los que puedes conseguir materiales de construcción son los coches, las cajas de herramientas y los cubos oxidados.

DATO FORTNITE

¡Antes de **destrozar** las grandes cajas de herramientas para conseguir materiales, **recoge** todo lo que contienen!

Si construyes paredes alrededor de un objetivo, recuerda que los cáscaras **se ensañarán** con las paredes más débiles que no has mejorado. Intenta mejorar todas las paredes que puedas.

Si has conseguido recolectar suficiente madera, crea una rampa alta y coloca baldosas que te ayuden a recorrer **largas distancias** por encima de objetos de gran altura como edificios y bosques. ¡Pero ten cuidado y no te caigas, pues sufrirás daños por la caída!

¡Los edificios con sótano pueden ser estructuras **la mar de útiles**! Destruye el edificio, incluido el suelo, y que quede solo el sótano. Será un sitio genial para atrapar cáscaras, pero recuerda **eliminar toda escalera** que haya en el sótano o podrán escapar.

¡Las estructuras conocidas como **túneles de la muerte** pueden hacer mucho daño a los monstruos! Son unas estructuras sencillas que tienen dos paredes de azulejos, un suelo y una baldosa como techo. Coloca una trampa dentro de este pequeño túnel y... ¡observa la **carnicería** cuando los cáscaras entren!

¡PRESENTEN ARMAS!

Como siempre en Fortnite, ¡es crucial dominar las armas!

DATO FORTNITE

En el modo Salvar el mundo, los ninjas son los **maestros espadachines**.

El sencillo **pico** con el que empiezas la partida es una herramienta muy útil para recolectar materiales pero, además, ¡puedes usarlo como arma! ¡A los cáscaras no suele gustarles que empuñes un hacha delante de sus narices!

Las **espadas** son perfectas para los ataques rápidos en los combates cuerpo a cuerpo. El nivel de daño que causan suele ser bajo, pero su cadencia de golpe es alta ¡y asustan (y hacen pedazos) a los cáscaras! Cuando te enfrentes a hordas de monstruos, utiliza una espada pesada.

Entre las **armas herramienta cuerpo a cuerpo** están los mazos y las palancas. Pero si lo que quieres es destrozar de forma rápida a una pequeña horda de monstruos, ¡utiliza un martillo pesado!

Los **fusiles de asalto** son ideales para cualquier clase de héroe, pero la pareja ideal de esta arma tan versátil es, sin duda, el soldado. Utiliza el esquema de un fusil de asalto de ráfaga y apunta a los cáscaras con ráfagas cortas y precisas.

Las **escopetas pesadas** son geniales para misiones en las que te enfrentas cara a cara con los monstruos. Consigue la nueva escopeta pesada y podrás aprovechar al máximo su cargador de 20 balas, con 63 de daño y 90 de impacto.

Con un cargador en el que caben 30 balas, las **pistolas automáticas** pueden ser un arma efectiva al cargarte zombis en combates en corto y en algunos a media distancia. Con una velocidad de recarga rápida y un DPS alto, estas pistolas son más útiles en Salvar el mundo que en Battle Royale.

Las **armas explosivas** se dividen en dos categorías: **los lanzagranadas** y **los lanzacohetes**. Utiliza las granadas para aturdir a las hordas de cáscaras que están muy cerca de tu base. Los cohetes se disparan desde largas distancias e infligen un daño y un impacto mayores. Pero ten presente que solo vas a poder disparar una vez, ¡así que **elige bien** el momento!

SALVAR EL MUNDO

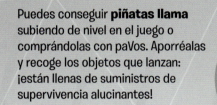

¡Consejos épicos!

No te pases mejorando los esquemas de tus armas. Si tienes que arreglarlas, necesitarás muchos más materiales de fabricación.

Si eres un ninja, realiza un **salto doble** justo antes de aterrizar desde gran altura y así el daño de la caída será mucho menor.

En primer lugar, **destruye las paredes** del primer piso de los edificios, y el resto de la estructura se derrumbará con facilidad. ¡Es una técnica sencilla, pero eficaz!

Antes de una misión, los jugadores pueden **elegir dos artilugios**. El artilugio de entrega de suministros es muy útil para recolectar materiales al instante sin tener que salir de la base.

Puedes conseguir **piñatas llama** subiendo de nivel en el juego o comprándolas con paVos. Apórreálas y recoge los objetos que lanzan: ¡están llenas de suministros de supervivencia alucinantes!

Si colocas los objetos que tienes duplicados o que no quieres en **el libro de colección**, tus PE aumentarán. Pero recuerda, no puedes recuperar los objetos una vez que los hayas introducido en el libro.

No olvides **fabricar munición** durante un tiroteo. Los jugadores que jueguen en una consola tienen que mantener pulsado el botón de recarga para hacerlo.

Mantén despejada la **línea de visión** alrededor de tu base. Elimina paredes, edificios y árboles cercanos para poder defender tu objetivo con mayor facilidad.

MIS REGISTROS, DATOS Y COSAS FAVORITAS DE FORTNITE

¡Rellena las casillas con tus estadísticas, datos y logros a medida que juegas a Fortnite!

Nombre:

Edad:

Año en el que empecé a jugar a Fortnite:

Juego a...

Battle Royale ☐   Salvar el mundo ☐   Ambos ☐

Me encanta Fortnite porque...

....
....

Mi lugar favorito de Battle Royale:

....

Mi apariencia favorita:

....

Mi arma favorita:

....

Mi récord de muertes:

....

He conseguido .... Victorias magistrales.

¡GESTOS ÉPICOS!

Los gestos y los pasos de baile son una parte muy chula de Fortnite. ¡Marca con una cruz los que se sabe tu héroe!

- Hilo dental ☐
- Dab ☐
- Pollo ☐
- Fiebre de disco ☐
- Shuffle electrónico ☐
- Musculitos ☐
- Me gusta ☐
- Aplauso lento ☐
- Piedra, papel o tijera ☐
- Sacúdete los hombros ☐
- Chasquido de Thanos ☐
- Carlton ☐